一隻貓咪上太空,在哪裡?

從遊戲中訓練孩子
數數、識物、辨色、專注等
視知覺超能力

一隻貓咪
上太空,
在哪裡?

從遊戲中訓練孩子
數數、識物、辨色、專注等
視知覺超能力

圖・文／寶拉・波斯歐　　翻譯／周怡伶

訓練視知覺超能力

每天睜開眼起，我們的大腦就不斷的在接收並處理視覺訊息，這種認知處理的過程，就稱為「視知覺」。視知覺是和周遭人事物產生適切互動的關鍵，也是認識和探索世界的重要媒介。家長可藉由本書豐富的色彩圖像和生動的文字敘述，帶領孩子進行動眼訓練，培養相關能力，這對孩子的成長將大有助益。

視覺專注力：專注在主要訊息而忽略其他背景訊息的能力。例如別讓孩子急著去找喜歡的跑車，而是專注題目要求的項目。

視覺記憶：將眼前事物記下並和過往的經驗整合比較。例如觀察有藍色和紅色嘴喙的巨嘴鳥和印象中有何不同？

視覺區辨：區別物體間的特徵，分辨其相同或相異之處。例如看到同樣都是橘色的建築物，可以問孩子它們哪裡不一樣呢？

形狀恆常：無論物體以不同的大小或旋轉角度呈現，都可以辨認。例如引導孩子將書本旋轉，看看是否還能認得出東西來。

視覺空間關係：了解物體在環境中的相對位置。例如孩子找到紫色水上摩托車，給予肯定並詢問車子周圍的上方和下方分別有什麼呢？

此外，書中每個圖案都不同，家長可自己設計尋找目標或是鼓勵孩子出題，如此一玩再玩，遊戲中反覆訓練視知覺超能力。

蘊能職能治療所職能治療師　黃劭涵

旅程開始

　　在這個世界上，到哪裡可以看到太空人、摩天大樓或鯊魚呢？跟著本書踏上充滿驚喜的旅程，就會找到答案！你的旅程將會從遙遠的星空開始，往下到遍布白雪的高山、繁忙的城市，最後抵達深海。

　　從上到下，每個場景都有不同人、動物和物件讓你體驗找一找的樂趣。你能不能找出：拋擲在空中的高空彈跳者、在兩棵大樹之間跳躍的青蛙，或是在地底下撲滅火災的消防隊員？

　　在冒險旅程中，你還會獲得精采知識——那些打破世界紀錄，最快的、最高的、最重要的人事物，就在你身邊！

　　總共超過 160 項事物等你來發現，它們在世界上哪個地方呢？現在就一起出發，進行這趟探索之旅吧！

從 外太空 出發

從外太空開始——遙遠的外太空裡有好多太空人、火箭和行星。

你發現了嗎？

1. 一個舉著紅色旗子的太空人
2. 一個有著星星圖案的火箭
3. 一個有著亮黃色太陽翼的人造衛星
4. 一個擁有衛星、帶藍色斑點的綠色星球
5. 六顆流星
6. 一個周圍有個紫色環的行星
7. 一個漩渦狀的黑洞
8. 一個太空人正在用工具修理太空船
9. 一臺正在觀察一顆紅色行星的太空望遠鏡
10. 兩顆相撞的隕石

還有這些，再找一找：
A. 一個外星人　B. 一隻太空狗　C. 一片披薩

世界上最大的客機「空中巴士A380」，載滿旅客時全部重量可達574公噸，比4隻世界上最大的動物「藍鯨」還要重。

有個英國魔術師是高空跳傘特技的最高紀錄保持人，他能單次做出11項特技動作！

噴射機的速度可以比音速還快，這時我們就說它是超音速噴射機。

紙飛機能射得最遠的距離是69公尺。

1783年，人類第一個熱氣球升上天空了，而乘客竟然是綿羊、鴨子和公雞！

在 天空中 遨翔

繼續待在天上，這裡有熱氣球和直升機，
在我們身邊飛行。

你發現了嗎？
1. 一個坐在條紋熱氣球上的乘客
2. 一個圍著白色圍巾的飛機駕駛
3. 一架在空中用噴煙畫出愛心形狀的特技飛機
4. 一個興奮尖叫的高空特技人
5. 兩個搜救人員掛在同一條繩索上
6. 一架有著藍色星星圖案的直升機
7. 一個操控圓點飛行傘的飛行者
8. 一個戴著太陽眼鏡、坐在飛機窗邊的女孩
9. 一位有棕色鬍子、戴紅色安全帽的男士
10. 一位拿著雙筒望遠鏡觀看的女士

還有這些，再找一找：
A. 一隻風箏　B. 一朵星星形狀的雲　C. 一顆氣球

到 高山上 賞雪

來到積雪的高山上，這裡有舒適的度假小木屋，還有飛快的滑雪好手，呼嘯而過！

你發現了嗎？

1. 一個不斷以「之字形」移動的滑雪者
2. 一隻山羊媽媽帶著一隻山羊寶寶
3. 一個穿著藍色靴子的登山者
4. 一個在露營帳篷外面的女孩
5. 一隻伸出爪子的禿鷹
6. 一個在纜車內用望遠鏡觀看的男孩
7. 一個外面有營火的小木屋
8. 一個戴著綠色眼罩、站在滑雪板上的人
9. 一個戴著紅色安全帽、抓著繩索的登山者
10. 一位正在喝咖啡的男士

還有這些，再找一找：
A. 一隻黑熊　B. 一隻彎角綿羊　C. 一臺攝影機

世界上最高的山是聖母峰，海拔高度高達 8848 公尺。

最快的滑雪速度紀錄是時速 255 公里（下坡時）。

世界上生存地點最高的動物是喜馬拉雅跳蛛，在海拔 6706 公尺處發現。

地球上最古老的山脈是南非的巴柏頓綠岩帶，大約 36 億年。

禿鷹可以在高達 3000 公尺的高空中飛行。

森林持續被砍伐，每年消失的面積為 7 萬 5676 平方公里，等於是每分鐘消失 27 座足球場的面積。

你知道嗎？全世界樹木總數超過 3 兆棵！

世界上最古老的樹在美國被砍倒了，當時它已經有 5200 歲。

世界上最高的樹是在美國的一棵紅杉，大約有 116 公尺，將近 40 層樓高。

Hello!

Hello!

世界上最大的雨林是亞馬遜雨林，面積大約 650 萬平方公里，比印度還要大一倍。

在 大樹間 穿梭

接下來是樹頂的世界，這裡有盪來盪去的猴子、啾啾鳴叫的小鳥，甚至還有一些房子呢！

你發現了嗎？

1. 一隻在媽媽身上睡覺的樹獺寶寶
2. 一對在聊天的鸚鵡
3. 一位在樹屋裡面的大鬍子男士
4. 一隻吃香蕉的猴子
5. 一隻爬樹的熊
6. 一個有四顆蛋的鳥巢
7. 五隻纏繞在樹幹上的蛇
8. 一個走在空中廊道上的紅髮女孩
9. 一隻有著藍色和紅色條紋嘴喙的巨嘴鳥
10. 一隻在兩棵樹之間跳躍的青蛙

還有這些，再找一找：
A. 一隻倒掛蝙蝠　B. 一隻藍色蝴蝶　C. 一隻蜜蜂

自 高樓大廈 眺望

站在高樓裡，看到好多宏偉的建築物
拔地而起，直達天際。

你發現了嗎？

1. 一輛正在過橋的紫色汽車
2. 一個玩高空彈跳的紅髮女孩
3. 一位操作黃色挖土機的男士
4. 一個有鳴鐘的高塔
5. 兩棟一模一樣的三角形建築
6. 一棟有著條紋圓頂的建築
7. 一個在兩棟建築之間走繩索的人
8. 一位搭乘電梯往上的女士
9. 一個穿著藍色連身衣的窗戶清潔人員
10. 一座顯示時間為九點十分的鐘塔

還有這些，再找一找：
A. 艾菲爾鐵塔　B. 泰姬瑪哈陵　C. 雪梨歌劇院

土耳其的伊斯坦堡是世界上唯一橫跨兩大洲的城市，它既屬於歐洲、也是亞洲的一部分。

古代第一個城市是位在美索不達米亞（現今的伊朗）南部的烏魯克，年代大約是西元前 3200 年。

世界上人口最多的城市是日本東京，以東京都為核心的人口超過 3800 萬人！

世界上最擁擠的城市是菲律賓的馬尼拉，平均每平方公里居住人口超過 4 萬 2000 人。

世界上最冷的城市是俄羅斯的雅庫次克，溫度通常是攝氏零下 40 度。

於 城市街道 漫步

看看這座繁忙的城市，到處都是叭叭作響的汽車和人來人往的商店。

你發現了嗎？

1. 一個騎著綠色腳踏車的女孩
2. 一隻正在啄食三明治的鴿子
3. 一位牽著臘腸狗散步的男士
4. 一個從車窗探出頭的男孩
5. 一間販賣糖果和冰淇淋的商店
6. 一位提著三個購物袋的男士
7. 一位推著紫色嬰兒車的女士
8. 一個賣熱狗的攤販
9. 一個騎著滑板車的男孩
10. 五隻在地上的白貓

還有這些，再找一找：
A. 一份報紙　B. 兩支鑰匙　C. 一支手機

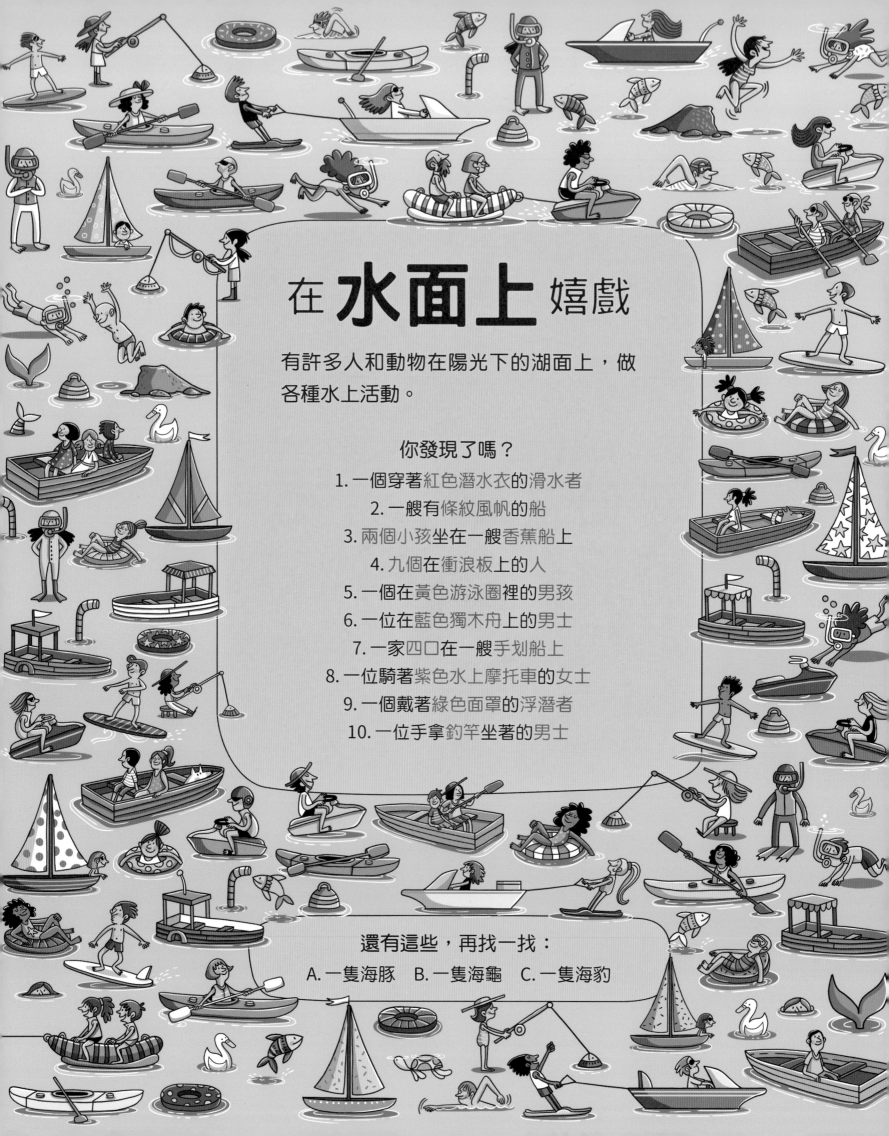

在 水面上 嬉戲

有許多人和動物在陽光下的湖面上，做各種水上活動。

你發現了嗎？
1. 一個穿著紅色潛水衣的滑水者
2. 一艘有條紋風帆的船
3. 兩個小孩坐在一艘香蕉船上
4. 九個在衝浪板上的人
5. 一個在黃色游泳圈裡的男孩
6. 一位在藍色獨木舟上的男士
7. 一家四口在一艘手划船上
8. 一位騎著紫色水上摩托車的女士
9. 一個戴著綠色面罩的浮潛者
10. 一位手拿釣竿坐著的男士

還有這些，再找一找：
A. 一隻海豚　B. 一隻海龜　C. 一隻海豹

獾居住在地下穴道裡，目前發現獾所建造的最大穴道系統，大約是879公尺長，總共有178個進出口，以及50個洞穴。

狐狸一次最多可以生出11或12隻小狐狸，不過大多數情況是4或5隻。

鼴鼠一天可以挖出20公尺長的隧道。

紀錄上最大的螞蟻巢穴長達6000公里，從義大利北部一直延伸到西班牙的大西洋海岸。

你知道嗎？兔子為了聽出附近捕食者的動靜，牠能將耳朵轉動180度。

朝 田野之下 探尋

我們要進入地表之下的世界了，你準備好了嗎？
這裡躲藏著許多動物，因為地底是牠們的家。

你發現了嗎？

1. 一隻母狐狸與三隻小狐狸
2. 一條正鑽進洞裡的紫色蚯蚓
3. 一隻兔子啣著一朵花
4. 五隻拿著橡果的花栗鼠
5. 一隻獾咬著一片樹葉
6. 一隻身上有紫色條紋的粉紅色蜘蛛
7. 一隻有著綠色和藍色圓點的甲蟲
8. 一隻挖土的松鼠
9. 十隻螞蟻排成一條線
10. 一隻有灰色尾巴的灰色老鼠

還有這些，再找一找：
A. 一頂皇冠　B. 一支寶劍　C. 一張藏寶圖

在 城市地底 活動

深入地底，這裡是一個繁忙的世界，有許多人和工作正在進行。

你發現了嗎？
1. 一個穿著黃色服裝、拿著繩索的工人
2. 一個爬梯子的紅髮男人
3. 一個綁著馬尾的女人從人孔蓋爬出來
4. 一個穿著白底紅條紋上衣的男人
5. 一家四口在看地圖
6. 一個戴著紅色耳罩、正在鑽洞的工人
7. 兩個小孩站在同一座電扶梯
8. 一個正在滅火的消防員
9. 一個戴著綠色頭燈的女人
10. 一個穿著橘色制服的列車駕駛

還有這些，再找一找：
A. 一隻老鼠 B. 一隻遺落的靴子 C. 一隻泰迪熊

美國有一個礦業小鎮，地下火災一直燒了 50 多年。

地球上以人工開挖最深的洞是位於北極圈的科拉超深井，深度超過 12 公里，可以放進 26 座疊加起來的臺北 101 大樓。

羅馬的古下水道是年代最悠久的下水道系統，建造於西元前六世紀的古羅馬時代，其中一小部分至今仍在使用。

紐約地下鐵是車站最多的地鐵系統，車站總數超過 400 個。

最長的鐵路隧道是瑞士的聖哥達隧道，長度 57 公里，就連開車也要 1 小時才能通過。

水母是世界上最古老的生物之一，在地球上已經存在幾億年，甚至在恐龍出現之前就已經存在。

世界上大約有 3 萬 2000 種魚類，比鳥類、爬蟲類、哺乳類，以及兩棲類動物的種類加起來還要多。

地球上最深的地方，位於西太平洋的馬里亞納海溝，深度超過 11 公里，如果放入聖母峰還剩下很多空間呢！

藍鯨是世界上最大的動物，體長可以超過 30 公尺，大約是 3 輛公車頭尾相接那麼長。

你知道嗎？可怕的大白鯊嘴裡有將近 300 顆牙齒唷！

往 海底世界 深潛

最後，來到地球上最深的地方，那就是無以倫比的深海。

你發現了嗎？

1. 一個穿著黃色蛙鞋、背著氣瓶的潛水者
2. 一隻露出尖牙的大白鯊
3. 五隻有紫色斑點的水母
4. 一隻有條紋尾巴的魟魚
5. 一隻抓住蚌殼的螃蟹
6. 一對粉紅色海馬
7. 一隻在岩石上的黃色海星
8. 一隻從海葵裡游出來的小丑魚
9. 四艘紅色潛水艇
10. 一隻吐出泡泡的藍鯨

還有這些，再找一找：
A. 一個錨　B. 一副泳鏡　C. 一隻美人魚

各頁解答（以及更多知識）

宇宙中至少有億萬兆顆星星，比地球上所有沙漠和海灘上的沙子加起來還要多。

「國際太空站」是外太空中最大的人造物，長度 109 公尺，裡面有浴室、臥室，甚至還有健身房。

單隻風箏飛行的最高紀錄是 4880 公尺。

世界上第一架飛機發明於 1903 年，最初飛行的時間只有 12 秒鐘。

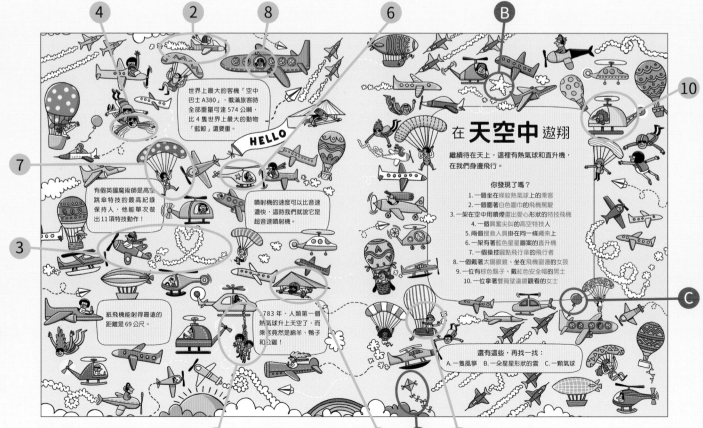

世界上最長的山脈是南美洲的安地斯山脈，大約 8850 公尺長，跨越 7 個國家。

山羊單次跳躍能跳過 35 公尺寬。

雨林的樹冠層非常茂密，一滴雨水從樹冠的最頂端，落到地上的時間可能超過 10 分鐘。

世界上最古老的樹種是銀杏樹，在 1 億 6000 萬年前的侏羅紀就已經存在。

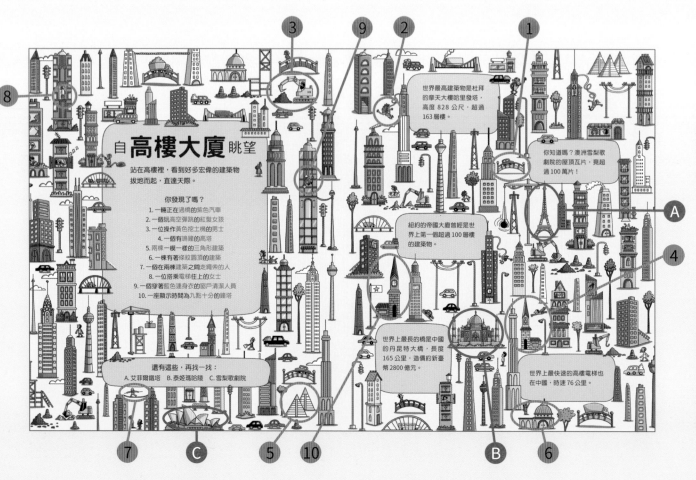

1884～1885 年美國出現了世界上第一棟高樓大廈，雖然只有 10 層樓、42 公尺高，但是當時人們一定覺得它非常高大。

世界最高鐘塔，是位於沙烏地阿拉伯聖城麥加的皇家鐘塔，高度 601 公尺，是世界上排名第三高的建築物。

世界上海拔最高的首都是南美洲國家玻利維亞的拉巴斯，高於海平面 3640 公尺。

世界上海拔最低的首都是跨歐亞大陸國家亞塞拜然的巴庫，低於海平面 28 公尺。

位於俄羅斯西伯利亞的貝加爾湖，是世界上最古老、最深的湖泊，也是體積最大的淡水湖。

衝浪世界紀錄——最大的浪超過24公尺，約8層樓高！

目前發現世界上最長的蚯蚓，能伸展的最長長度，竟然超過 6.5 公尺。

地球上最大的動物族群是甲蟲，超過 35 萬種，而且目前還有許多未知的種類。

世界上第一座地下鐵建造於英國倫敦，自 1863 年起，列車開始在地底下行駛。

世界上最深的礦場，是位於南非的姆波內格金礦。

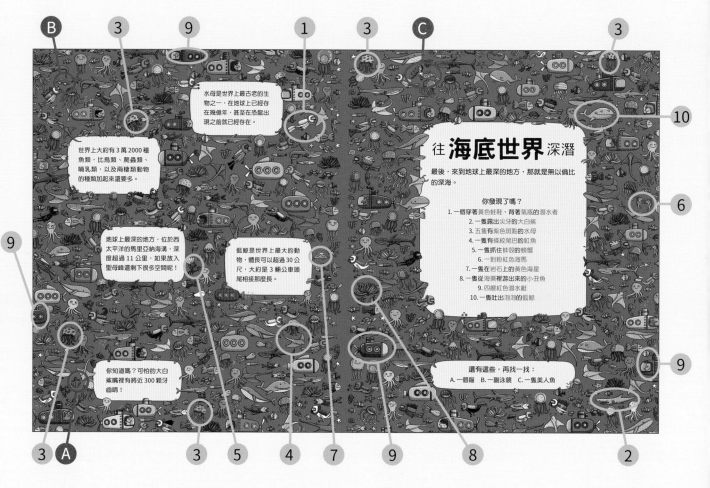

光線無法進入到海面下 1000 公尺。從這個深度開始就是半深海區，又稱為「午夜區」，這裡的許多海底生物會自己發出微光。

世界上只有三個雄性物種能懷孕和產下後代，這三個物種都是居住在海裡，牠們是海馬、枝葉海馬和海龍。

圖·文／寶拉·波斯歐（Paula Bossio）

出生於南美洲的哥倫比亞，她的作品在世界多國獲獎，包括日本、韓國、印度、義大利、墨西哥、哥倫比亞等。寶拉喜歡透過富有魅力的角色、鮮豔大膽的色彩以及混合創作媒材，創作出充滿奇思妙想的作品。

翻譯／周怡伶

臺灣輔仁大學新聞傳播系、英國約克大學社會學研究碩士班畢業。曾任出版編輯，現職書籍翻譯，熱愛知識也喜歡做菜和探索新地方，目前和先生與兩個男孩住在英國。

國家圖書館出版品預行編目(CIP)資料

一隻貓咪上太空，在哪裡？：從遊戲中訓練孩子數數、識物、辨色、專注等視知覺超能力/寶拉·波斯歐(Paul Bossio)圖·文；周怡伶翻譯. -- 初版. -- 新北市：小熊出版：遠足文化事業股份有限公司發行, 2021.03
32面；25×30公分. -- (閱讀與探索)
譯自：Where in the World?
ISBN 978-986-5863-90-6 (精裝)

1.兒童遊戲

523.13   110001462

閱讀與探索

一隻貓咪上太空，在哪裡？
從遊戲中訓練孩子數數、識物、辨色、專注等視知覺超能力

圖·文／寶拉·波斯歐　翻譯／周怡伶

總編輯：鄭如瑤｜主編：劉子韻｜美術編輯：李鴻怡｜行銷副理：塗幸儀

社長：郭重興｜發行人兼出版總監：曾大福
業務平臺總經理：李雪麗｜業務平臺副總經理：李復民｜海外業務協理：張鑫峰
特販業務協理：陳綺瑩｜實體業務協理：林詩富｜印務經理：黃禮賢｜印務主任：李孟儒
出版與發行：小熊出版·遠足文化事業股份有限公司
地址：231 新北市新店區民權路 108-2 號 9 樓｜電話：02-22181417｜傳真：02-86671851
劃撥帳號：19504465｜戶名：遠足文化事業股份有限公司
客服專線：0800-221029｜客服信箱：service@bookrep.com.tw
E-mail：littlebear@bookrep.com.tw｜Facebook：小熊出版
讀書共和國出版集團網路書店：http://www.bookrep.com.tw
團體訂購請洽業務部：02-22181417 分機 1132、1520

法律顧問：華洋國際專利商標事務所／蘇文生律師｜印製：凱林彩印股份有限公司
初版一刷：2021 年 3 月｜定價：360 元｜ISBN：978-986-5863-90-6

小熊出版讀者回函　小熊出版官方網頁